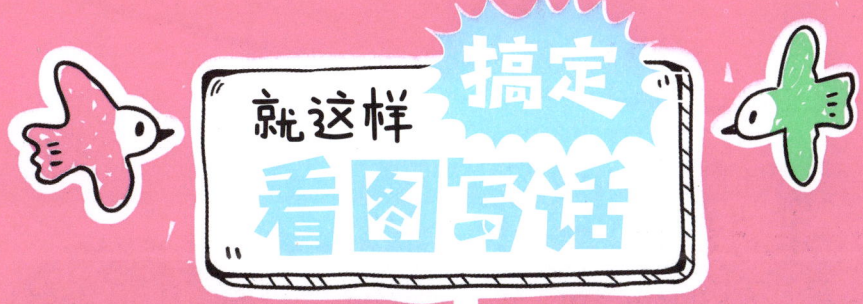

入门篇

国潮童书 编著

浙江文艺出版社

快来认识一下这本书里的"大人物"吧!

那妈
传闻中"别人家的那个妈"

> 有一天,我在看我的宝贝们写的看图写话时,被气成了这么一个"爆炸头"。最要命的是,这头发怎么也变不回去了……我想,也许有1 000 000个小宝贝看到这本书,学会看图写话后,这讨厌的"爆炸头"才能变回去吧!

> 不要以为一条绿色的尾巴只是看起来比较特别而已。这可是一条魔术尾巴,几乎可以扭成你所能想出来的任何形状!

绿尾猫
拥有绿色尾巴的猫

红嘴鸡
长着红色嘴巴的鸡

> 我可不是一只鸟!
> 我是一只有红色嘴巴的鸡!
> 我相信,红嘴巴
> 一定代表着超强的表达能力!
> 要不然,妈妈们怎么都喜欢
> 涂红嘴唇呢?

> 别试图摘下我的帽子,
> 我真的会生气!
> 任何时候、任何地点,都不要摘!
> 因为每当写不出看图写话的时候,
> 我都会抓头顶的头发。
> 于是,我抓呀抓呀抓呀……
> 你大概知道是怎么回事了吧!
> 但愿妈妈能帮帮我!

> 这本书里有小容,
> 怎么能没有小易呢?
> 所以,我是非来不可的!
> 对我来说,看图写话
> 就像画画和讲故事一样,
> 都能让我的心情
> 美得像个漂亮的蝴蝶结!

小容
不肯摘下帽子的小容

小易
喜欢戴蝴蝶结的小易

写在前面的话

我们为什么要学看图写话？

1. 因为，考试会考哟！

历年的高考作文题中，有图的就有十多道呢！

阅读下面的漫画材料，根据要求写一篇不少于800字的文章。

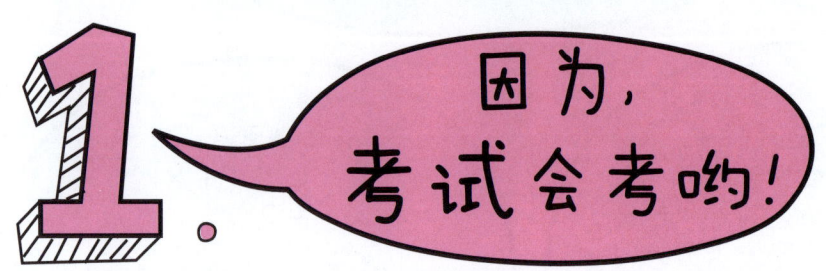

毕业前最后一节课。
老师说："你们再看看书，我再看看你们。"

我妈说，我还有4113天就要高考了。

（据"小林漫画"作品改编）

要求：结合材料的内容和寓意，选好角度，确定立意，明确文体，自拟标题；不要套作，不得抄袭；不得泄露个人信息。

这是2019年高考语文试卷（全国Ⅲ卷）上的作文题！

2. 一不小心就写成名篇了!

《岳阳楼记》也是"看图写话"!

图 → 话

岳阳楼

洞庭湖

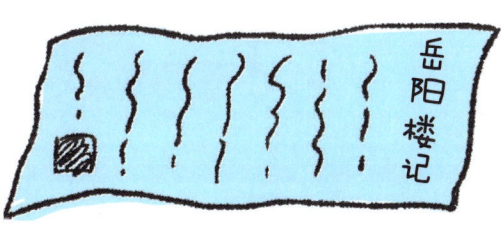

岳阳楼记

什么?!范大人,你根本没有去过岳阳楼?

是啊,朋友寄来岳阳楼的图叫我写几句,《岳阳楼记》就成了!

范仲淹

3. 写成一本书也有可能哟!

《山海经》就是"看图写话"!

chǎng fū
鹧鸪

长得像鸡,
三个脑袋,
六只眼睛,
三只翅膀,
六只脚。

Jī gōng
奇肱国人

有三只眼睛,
但只有一条胳膊!

diāo táng
雕棠

方形叶子,
果实像红豆。

huá
鳛鱼

看起来像一条蛇,
但长着四只脚,
最喜欢吃小鱼。

祝余

样子像韭菜,
开青色的花。

bó tuó
𤟤𤝢

长得像羊,
有四只耳朵,
眼睛还长在背上!

xíng
刑天

双乳当眼睛,
肚脐当嘴巴,
一手握斧,
一手拿盾。

上古奇书《山海经》里有好多怪兽、怪鸟、怪鱼、怪神、怪人、怪树、怪草呢!

听说里面有一部分是看图写出来的。

4. 你会！

超级无敌闪耀的光芒

大放光彩

光彩照人

光芒万丈

妈妈就可以发朋友圈展示她的"育儿课"，这样你可能会很轻易地得到巧克力！

老师会给你最漂亮的贴纸！

也许还会在全班同学面前读你的大作。

莫名其妙地，大家都想和你做好朋友，包括班长！

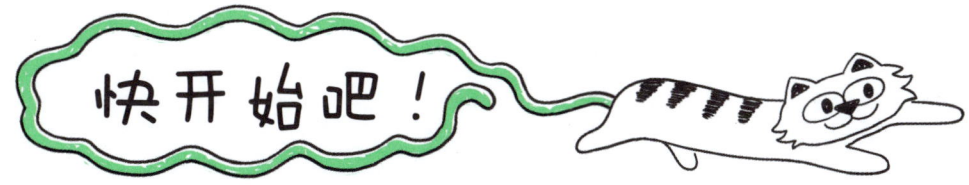

快开始吧！

我们从单幅图写话开始
美妙的**学习之旅**吧!

第1章

一句话作用大,我懂了! 1

这一章里的"拼句子游戏"比我们猫捉老鼠好玩1000倍,我都笑饱了!

哈哈哈,你要是玩了这个游戏,估计一天都不用吃饭了!(不过,你可千万别真不吃饭,一日三餐,好好享用,对身体才有好处!)

第2章

看图写出一句话,我会了! 25

太开心了!想不到我一个"非人类"也能找出图中的时间、地点、人物和事件,写出一句话,搞定一幅图!哈哈哈,我想,你也会和我一样,在这一章里获得满满的自信心!

第 3 章

一幅图写一大段话,好简单! ……… 55

在这一章,你会成为最优秀的饲养员,喂养出一条很长、很长、很长、很长、很长、很长、很长长长长长长长的贪吃蛇!当然,这不重要!重要的是,喂一喂贪吃蛇,你就能写出好大、好大、好大、好大、好大、好大、好大大大大大大的一段话了!

第 4 章

写好一段话,有大招! ……… 79

我得告诉你,只是像拉长一块口香糖那样写出一大段话,并不见得是一件好事!没有重点、流水账似的一段话和嘤嘤嗡嗡的蚊子叫可没什么两样!

所以,这一章很重要,能让你写出真正好的一大段话!当然,在这一章里当导演,选主角也很过瘾哟!

看完本书，你已正式进入看图写话的世界！记得回来领取"开心入门"徽章，获得绿尾猫和红嘴鸡的超级能力！

 小男孩领这个。

沿虚线剪下后，穿上绳子挂起来！

 小女孩领这个。

第1章

一句话作用大,我懂了!

正式开始之前——先来玩！

拼句子游戏

游戏规则

① 抽卡： 四个人每人在"时间"卡"地点"卡、"人物"卡、"事物"卡四种选项卡中任选一种，再从中抽取一张卡片。

② 亮卡： 四个人同时亮出自己抽中的卡片。

③ **读卡：**四个人一起把卡片上的内容拼成一句话，并大声读出来。

记住！在念卡前，一定不要让别人看到自己卡片上的内容！

不管是什么结果，都请不要笑得太大声！

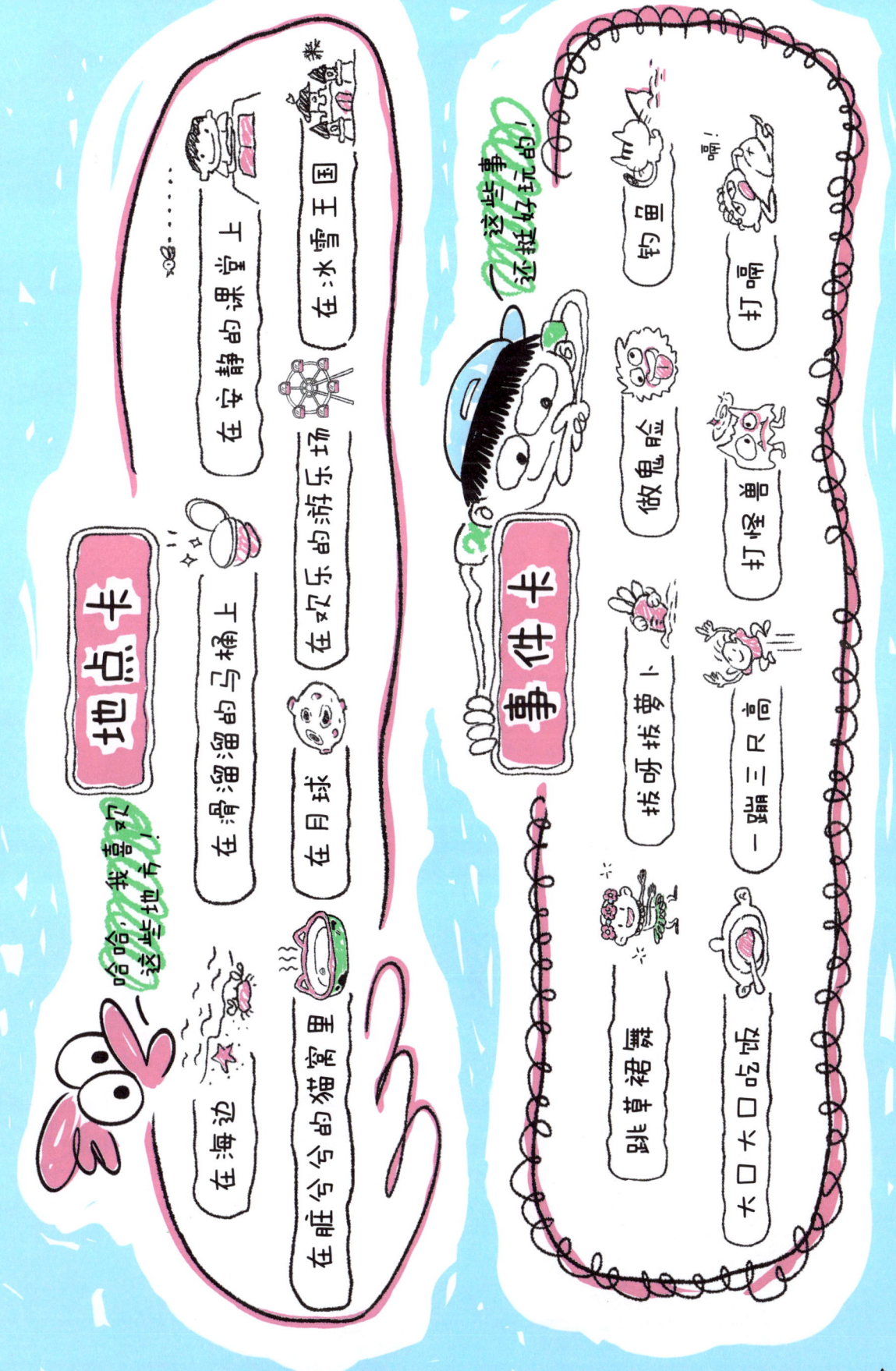

冷得鼻涕被冻住的冬天,奥特曼在安静的课堂上跳草裙舞!

天哪!奥特曼这事干得漂亮!哈哈!

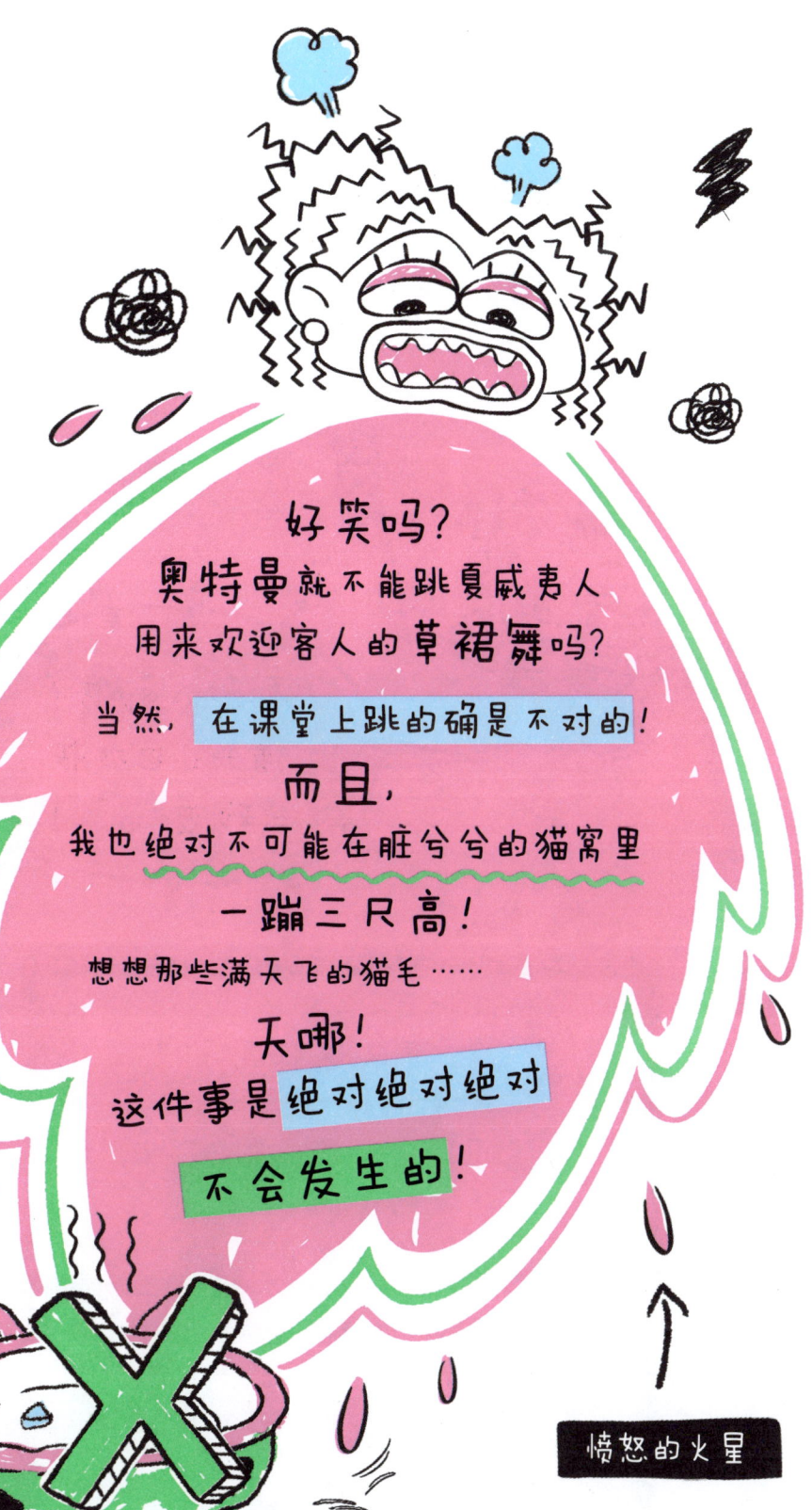

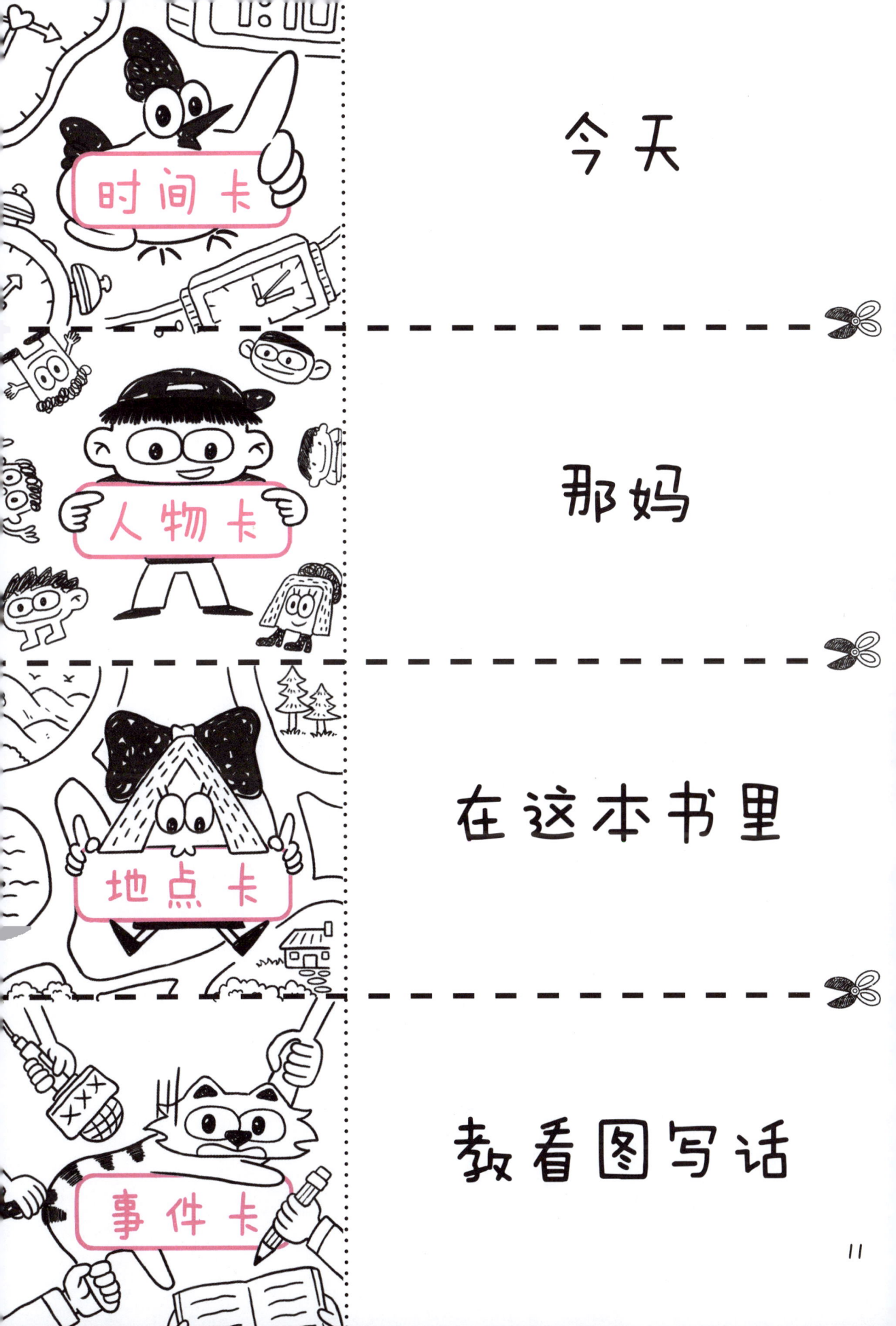

树木秃了头的
秋天

在悬崖边

时间卡

人物卡

地点卡

事件卡

在树顶

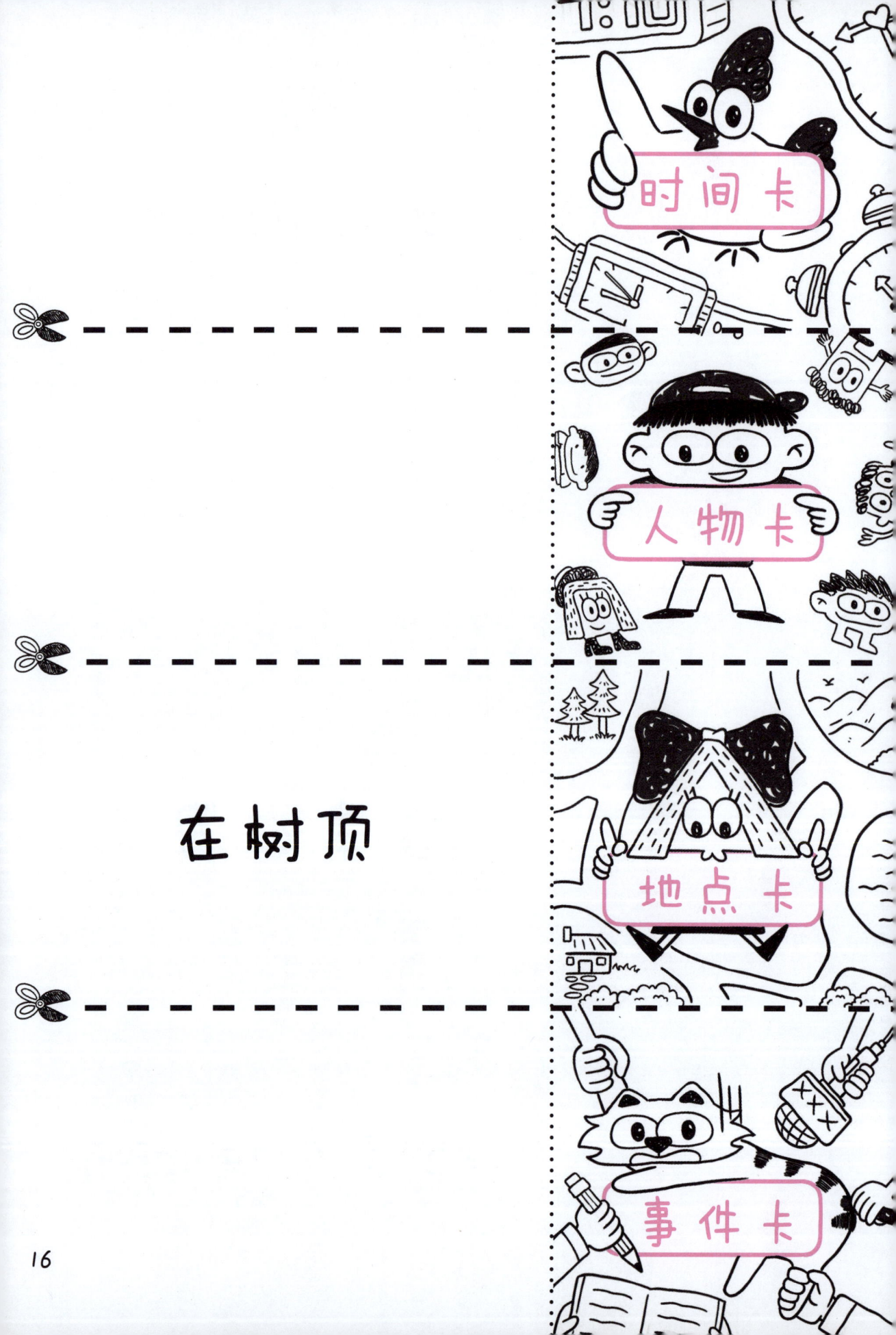

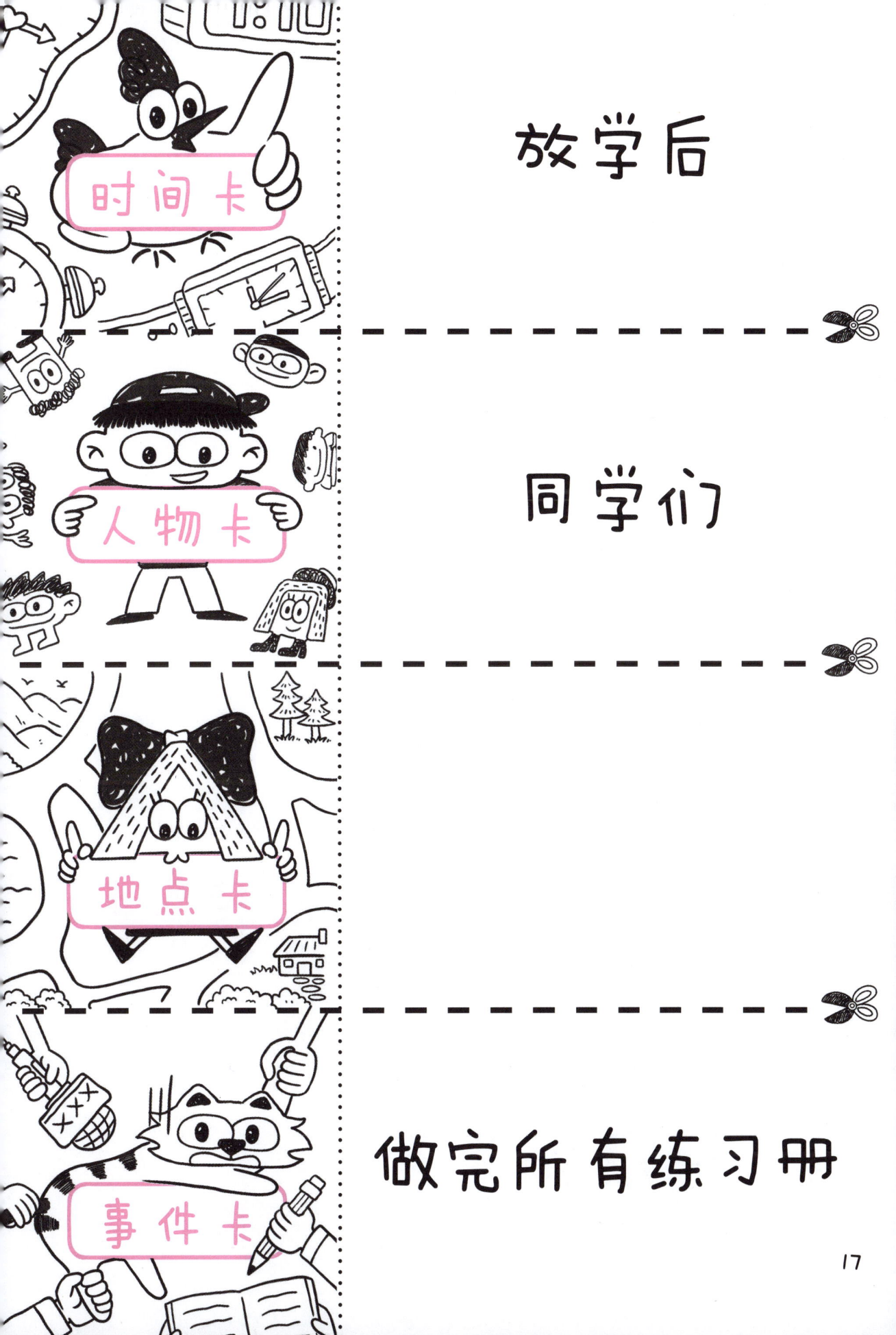

翻跟头

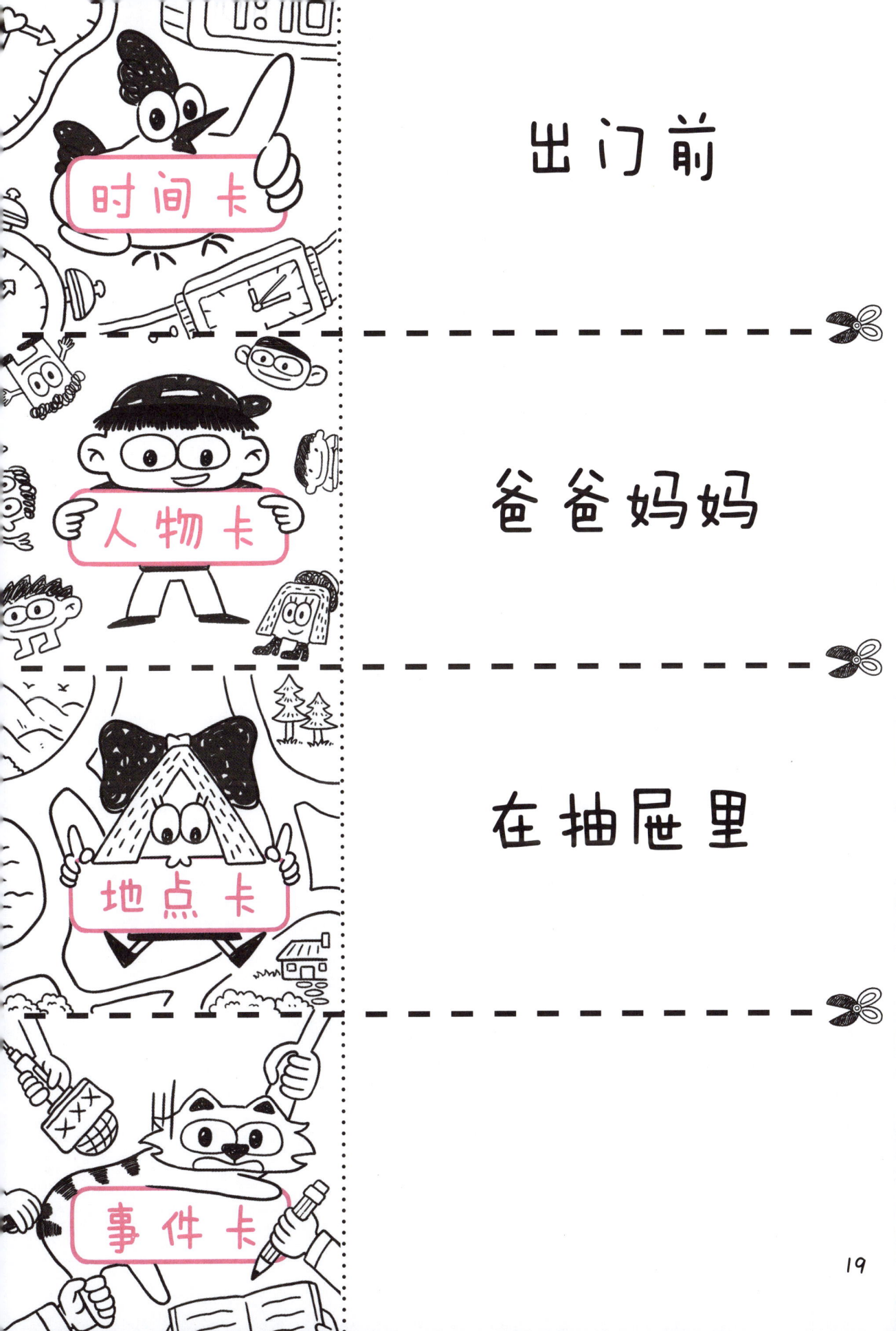

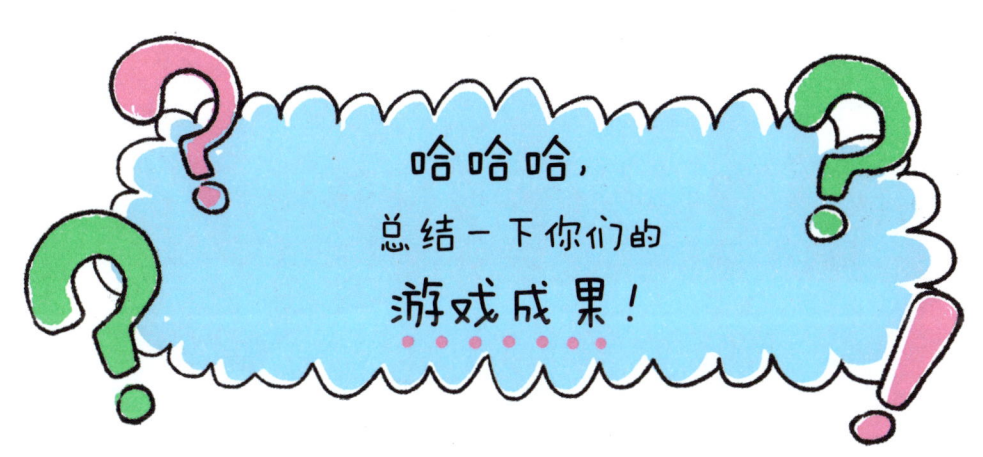

哈哈哈,总结一下你们的游戏成果!

时间、地点、人物、事件 这四个"小伙伴",通过不断组合和搭配,竟然拼出了好多句子!

去看看吧!

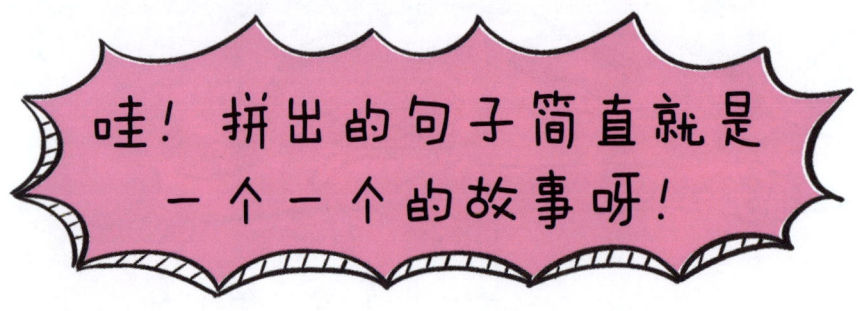

哇！拼出的句子简直就是一个一个的故事呀！

还有更厉害的！看下面！

地球上的最后一个人独自坐在房间里，这时，响起了敲门声……

→ 人物
→ 地点
→ 时间
→ 事件

世界之最！！！

这是美国著名科幻小说家弗里蒂克·布朗创作的"世界上最短的科幻小说"，名叫《最后一个人》，也只有一句话！

我们就先学习看图写一句话吧！

第 2 章

看图写出一句话，我会了！

"敲黑板"

很简单!
找出 时间、地点、人物、事件 这四个藏在图中的小伙伴,就能完成看图写一句话了!

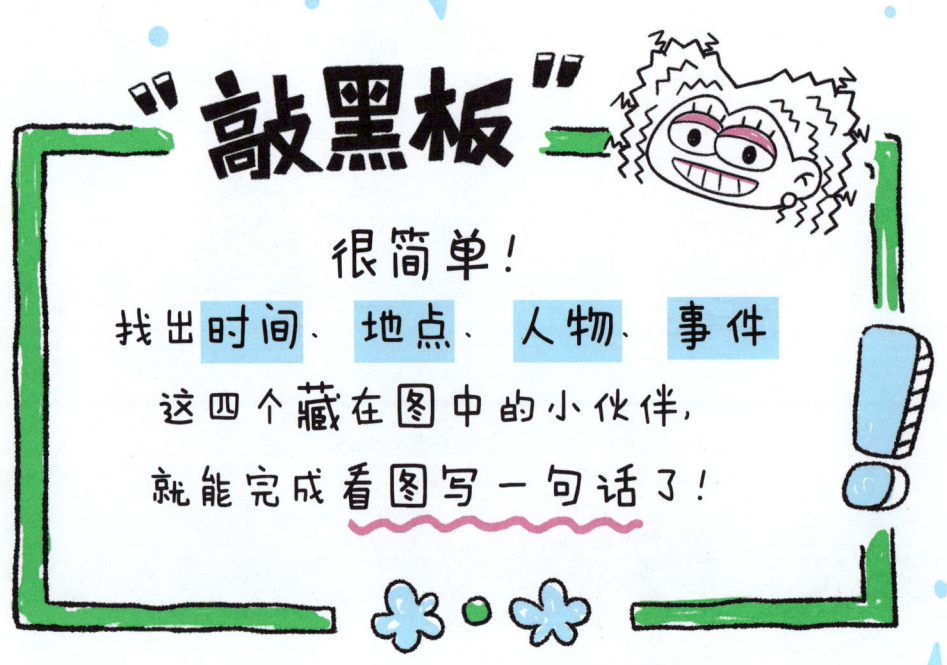

快来图中找我们吧!

1. 找时间

先来看看大家是怎么找时间的——

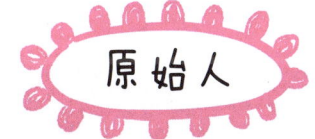

我们不知道什么是**时间**，但我们有**生活经验**。

我们通过**观察总结**，把**经验**变成判断时间的方法。

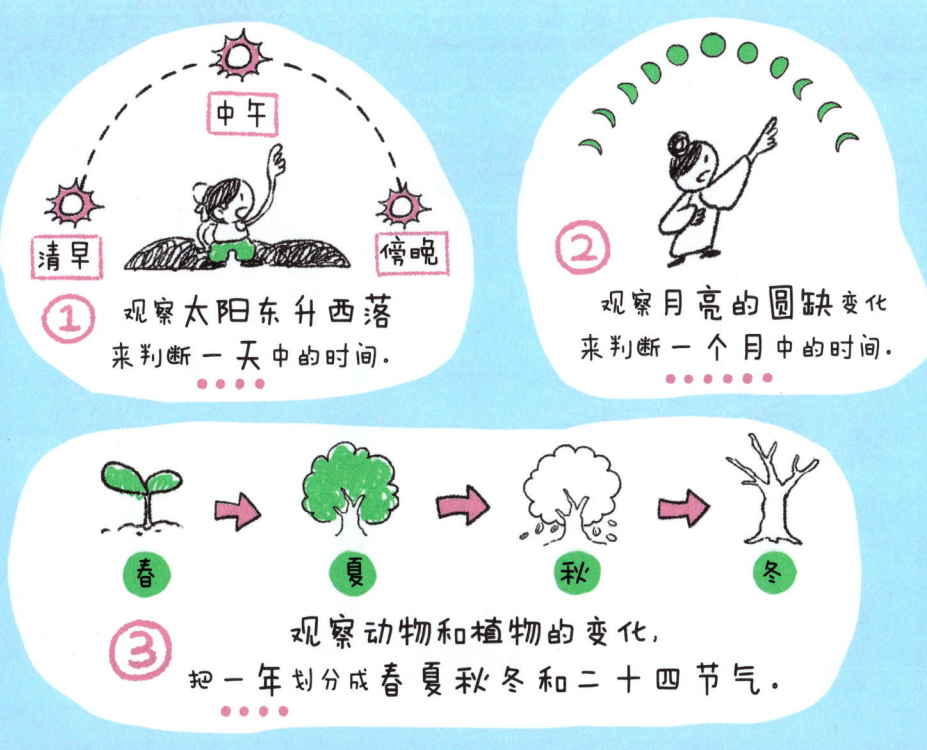

现代人 我们很有 时间观念，生活中到处都是 判断时间的工具。

时钟　手表　挂历　台历　手机

"敲黑板"

我们把 原始人、古代人、现代人 判断时间的本领都用上，就可以找到图里的时间了！

来试一试!

→ 下面的图是什么 时间 呢？

能看到鸟了，是该出去找吃的的时候了。

太阳在东边，时间是早上。

挂钟显示7点整。

原始人、古代人、现代人 一起来判断，时间是早上7点整。

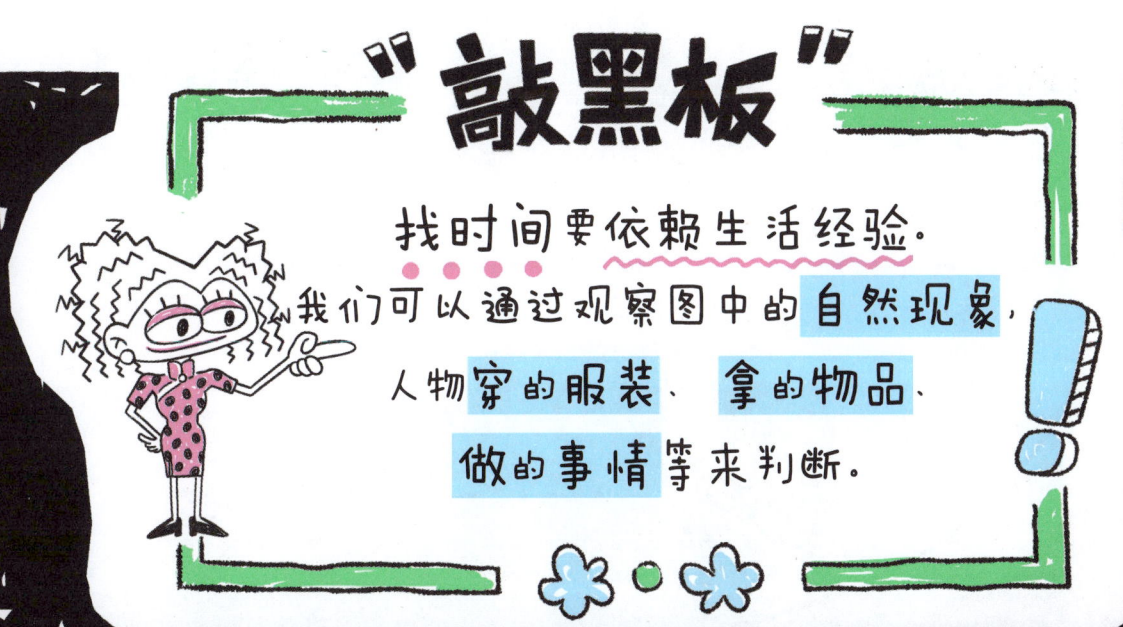

"敲黑板"

找时间要依赖生活经验。我们可以通过观察图中的 自然现象、人物 穿的服装、拿的物品、做的事情 等来判断。

要是用这些办法都判断不出来呢?

有可能时间在这样的看图写话里并不太重要,不影响事件,我们就可以用到**万能词语**——

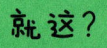
就这?

一天

我们早就会了!

这样的万能词语我还能说出很多:那天、有一天、一次、那次……

2. 找地点

有些地点经常能见到，
你得像黑猫警长一样**善于留意**！

出去旅游的时候，
你会看**路牌**吗？

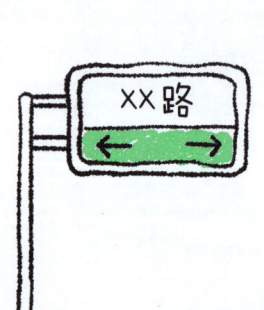 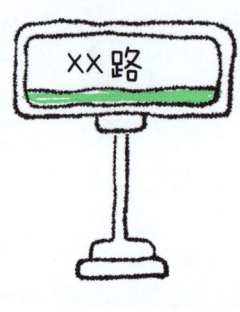 

逛街的时候，
你注意过**店标**吗？

这些都明明白白告诉我们地点了！

有些地点要 根据图中的信息 判断,
你得像大侦探福尔摩斯一样 善于推理!

① 根据场景中的事物判断

摩天轮、滑滑梯一般出现在 **游乐园**。

② 根据人物做的事情判断

吃饭一般在 **餐桌旁**。

③ 根据人物身上的信息判断

 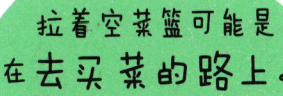

拉着空菜篮可能是在 **去买菜的路上**。

33

请你判断下面这幅图发生在什么地点吧！

① 根据场景中的事物
无

② 根据人物做的事情
小孩扶起老奶奶。

③ 根据人物身上的信息
小孩给背着书包，老奶奶买了菜。

地点：无法判断 ✗

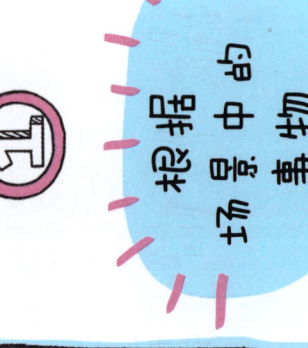

奶奶买完菜正好回来，遇到上学去的小女孩。

所以答案是——

地点：上学的路

因为奶奶一般早上出去买菜，你没注意到吗？

为什么是上学？也可能是放学！

可是奶奶晚上有时也会去超市抢特价菜！

如果是找自己的奶奶，那么可以在家里，也可以在家外面的任何地方，这个办法判断不出！

地点：无法判断

"敲黑板"

把黑猫警长和福尔摩斯的本事都用上，**运用生活经验和常识**，就能从图中找到地点。

有道理，讲得通就行！

3. 找人物

图中的人物

你一眼就能看到,

你需要观察人物特征判断人物是谁。

来看看他们是谁吧!

看  里的特征,把答案填在 _____ 上。

① 警帽 警服

身份:_____

② 扫帚 工作服

身份:_____

③ 个子小 红领巾 校服

身份:_____

④ 白发 驼背 拐杖

身份:_____

童话故事里的动物、植物、物品都可以算作"人物"。

"敲黑板"

通过观察人物的 容貌、衣着、体型、姿态 等特征，我们可以判断出人物的 性别、年龄、职业 等。

答案在这儿！你们猜对没？全对的去下一页领奖！

上页答案

① 警察
② 环卫工人
③ 小学生
④ 老奶奶

祝贺! 判断正确!

马上解锁新权利

——取名权!

 这个小学生叫"我"。

 我要叫这只猫咪"豆豆"。

 这朵花的名字叫"图图"。

"取名权"有什么用?

你可以用"取名权"给图中和你年龄差不多的小朋友取个名字,用名字称呼这个人物。

如果图上的人物不是小朋友呢?

那就可以用人物身份,带上姓或职业来称呼。也可以带上人物特点来称呼。比如:

姓 + 人物身份
王爷爷
谢奶奶
刘阿姨

职业 + 人物身份
警察叔叔
医生阿姨
保洁阿姨

人物特点 + 人物身份
小弟弟
大哥哥
老爷爷

如果一幅图上有多个人物怎么办?

那就一一称呼,写的时候用"、"或者"和"等来连接。比如:

人物:花花和警察

人物:小红和小明

人物:小猪哼哼、小熊壮壮和小兔白白

可是，万一有很多很多人……

1、2、3……9，我要起9个名字才能讲清图上的"人物"！

不用这么麻烦，"神秘嘉宾"大鲨鱼用一个词就能帮你讲清！

召唤"神秘嘉宾"

大鲨鱼！

让我们来看看大鲨鱼有什么绝招吧！

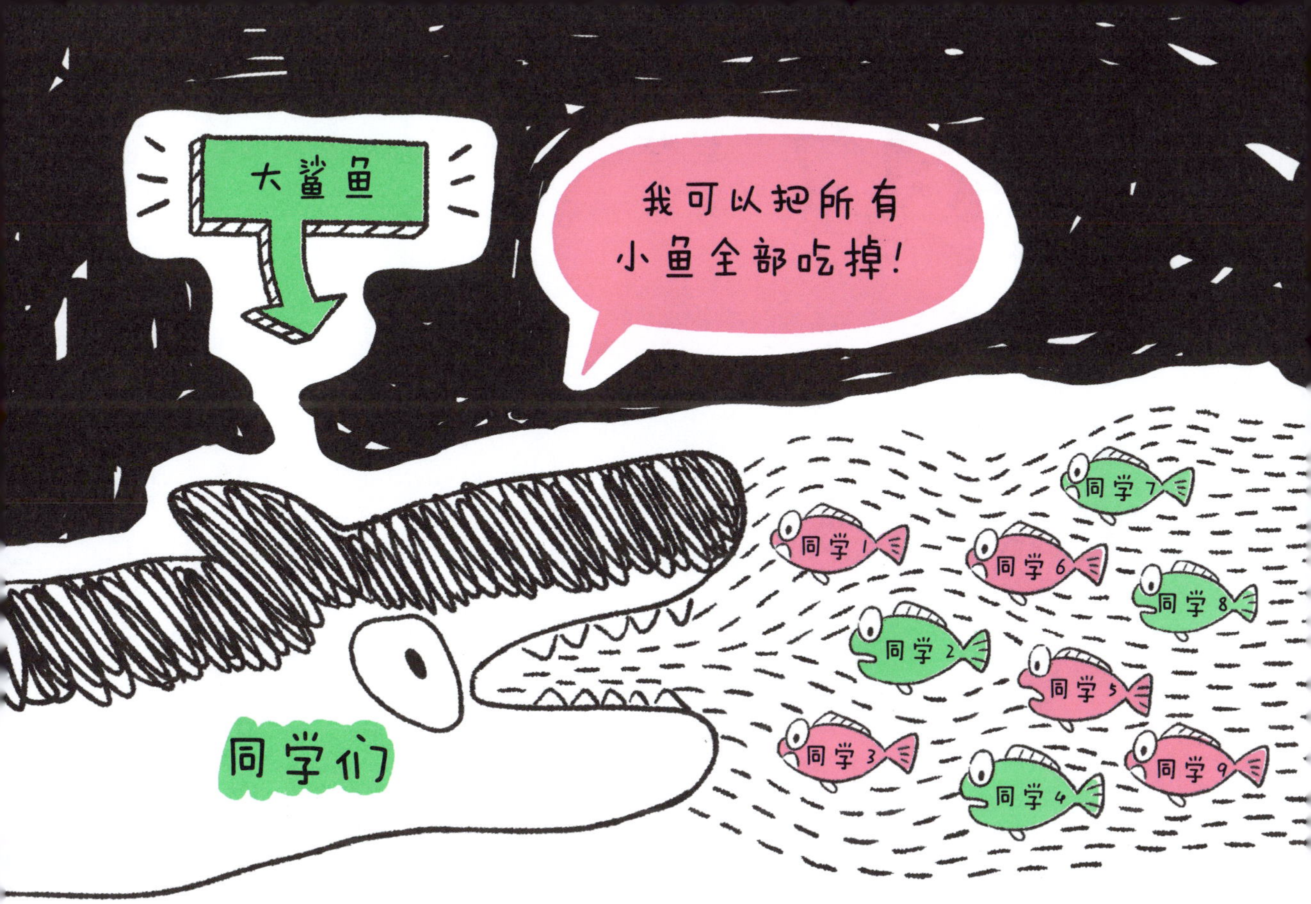

图上人物都有一个 共同点，
他们的身份都是"同学"！
找出了共同点，大鲨鱼就可以把小鱼全部吃掉！

"敲黑板"

"大鲨鱼"的绝招就是 归纳 "小鱼"们的 共同点。

小练习

这些"大鲨鱼"代表了什么呢?请你填在下面的"( )"里!

( )

狮子 大象 老虎 熊 山羊 斑马

(答案:动物)

英国人 美国人 法国人

( )

(答案:外国人)

看!

图上出现**多个人、多件事**时,都可以用"大鲨鱼"来归纳"小鱼们"的共同点!

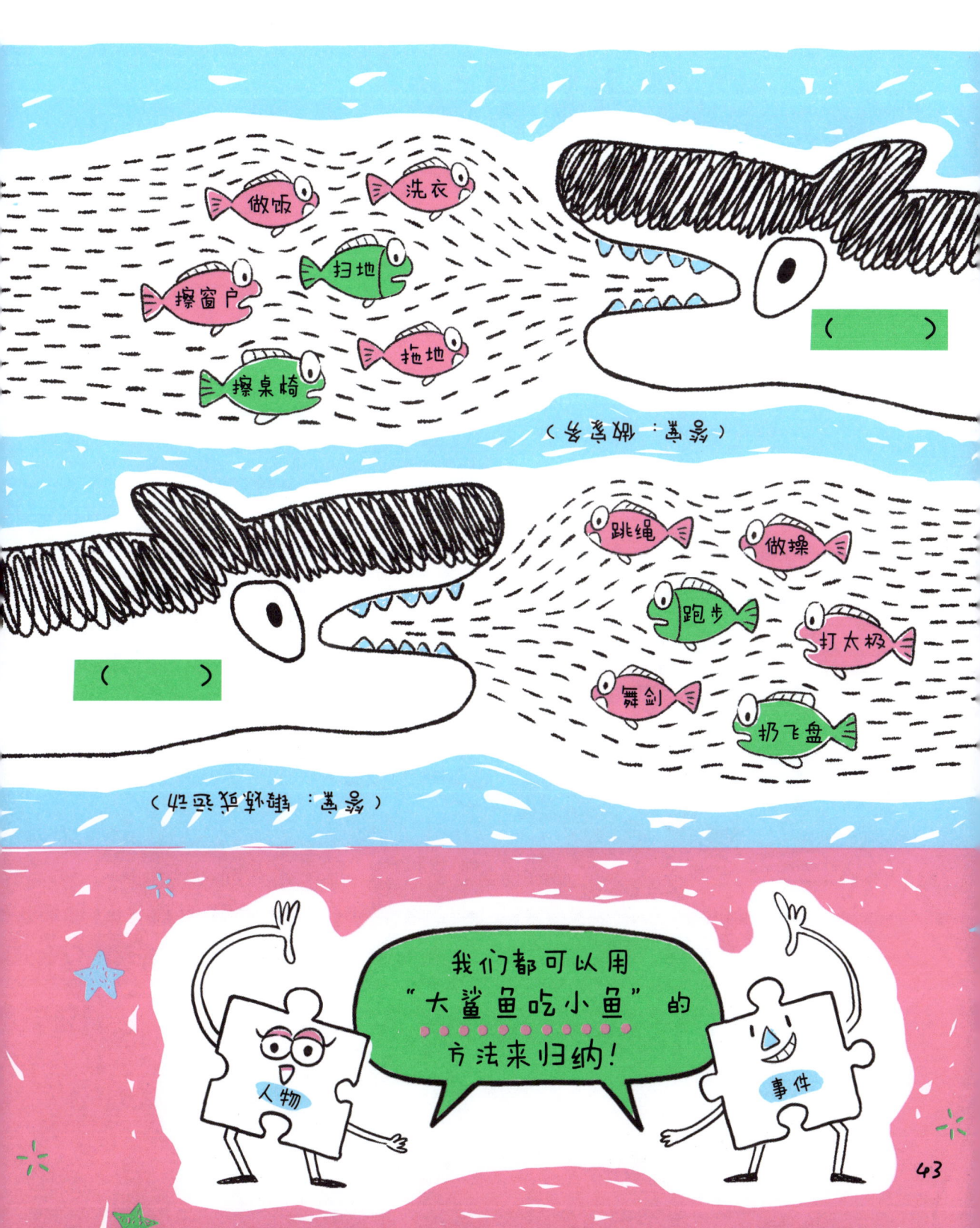

4. 找事件

"敲黑板"

找事件就是判断图上的人物在干什么，需要依靠你的**生活经验和常识**！

不信，你来试试！你能写出右页这些小游戏的名称吗？

小游戏的答案在我的裙子上，来看看吧！

① 举哑铃踮小步
② 滚轮胎
③ 拍皮球
④ 用毛笔画画
⑤ 踢足球

不过不用着急，你们在生活中已经积累了不少**经验和常识**！

嗡 嗡 嗡 嗡 嗡 嗡 嗡 …… 啪！

嗡 嗡 嗡 嗡 嗡 嗡 嗡 …… 啪！嗡 嗡 嗡

嗡 嗡 嗡 嗡 嗡 嗡 嗡 …… 啪！嗡 嗡 嗡

嗡 嗡 嗡 嗡 嗡 嗡 嗡 …… 啪！嗡 嗡 嗡

这是什么？！

比如：

爸爸和蚊子的大战到底谁赢了？

你闭着眼睛听就能知道！

这是蚊子被打死，没声音了。

嗡 嗡 嗡 嗡嗡……

这是蚊子没被打死。

嗡 嗡 嗡 嗡……啪！啪！

这是蚊子没被打死，爸爸又打了两下。

嗡嗡嗡嗡嗡嗡嗡嗡嗡嗡……

这是蚊子被打死了，一群蚊子来报仇呀！

可怜的爸爸！

书籍

可以代替你的双脚去很多地方积累生活经验和常识。

记住！

匆匆阅读

那妈推荐值：五颗星

> 还有一点很重要!

"敲黑板"

③ 你要**多多提问**!

问家人、问老师、问同学、问身边的人……

最最最重要的是,你要多问自己**问题**!

记住

"万能三问":
是什么?
为什么?
怎么样?

问号小姐

由小朋友的各种问题组成。小朋友每天提的问题越多,问号小姐送给小朋友的能力就越强!

总之，

你积累的生活经验和常识越多，从图中找出时间、地点、人物、事件的速度就越快！找到后，再用拼句子游戏的方法拼成一句话。看图写一句话就完成了！

看！

看图写话。（10分）

请仔细看图，图中画的是什么时候？谁在什么地方干什么？

哇！满分看图写话！

班级：一年级1班　姓名：丁一

		一	个	下	着	大	雨
的	傍	晚	，	小	明	在	路
边	扶	起	一	位	摔	倒	的
老	奶	奶	。				

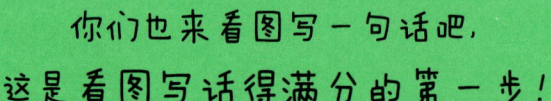

你们也来看图写一句话吧,这是看图写话得满分的第一步!

像这样——

时间：上午

地点：山坡上

人物：小美和明明

事件：种树

一句话：上午,小美和明明在山坡上种树。

你也来试试!

时间：

地点：

人物：

事件：

一句话：

时间：

地点：

人物：

事件：

一句话：

第3章

一幅图写一大段话，好简单！

告诉你一个惊天大秘密——

句子是条贪吃蛇!

看这边!

有一条**贪吃蛇**正在**求你喂食**!

春天来了,我还是这么**瘦弱**,**喂喂我吧**!

周六上午,何小明在操场上踢球。

小蛇的眼泪海洋!

我要喂!我要喂!

喂食规则

① 请轮流喂食，每人每次喂一份"食物"。

② 请围绕句子贪吃蛇的时间、地点、人物、事件四个"生长点"来喂食，不要改变句子原来的意思。

③ 句子贪吃蛇喜欢的食物是各种有营养的词语或者短一点儿的句子。

开始喂食——

我在"时间生长点"喂食，你就知道是什么样的周六上午了！

天气晴朗的周六上午，何小明在操场上踢球。

天气晴朗的

我在"地点生长点"喂食，你就知道是哪里的操场了！

天气晴朗的周六上午，何小明在学校的操场上踢球。

学校的

我在"人物生长点"喂食，让你知道何小明长什么样！

天气晴朗的周六上午，帅气的何小明在学校的操场上踢球。

帅气的

我在"事件生长点"喂食，让你晓得何小明踢球时的心情！

天气晴朗的周六上午，帅气的何小明在学校的操场上开心地踢球。

开心地

哇！
你们真是优秀的饲养员！
我先去喝杯咖啡，一会儿回来。
你们继续！

试试吧!

看图写出句子贪吃蛇。

周日早上,红红和亮亮在公园里做操。

快来把我喂大吧!

第一步：提问题

要学会提"什么样"和"怎么样"的问题。

时间　问：周日早上天气怎么样？

地点　问：公园里有什么样的景物？

人物　问：红红和亮亮是什么人？他们是什么样的打扮，脸上有什么样的表情？

事件　问：红红和亮亮正在做什么样的动作，做得怎么样呢？

第二步：找答案

这些答案你找到了吗？

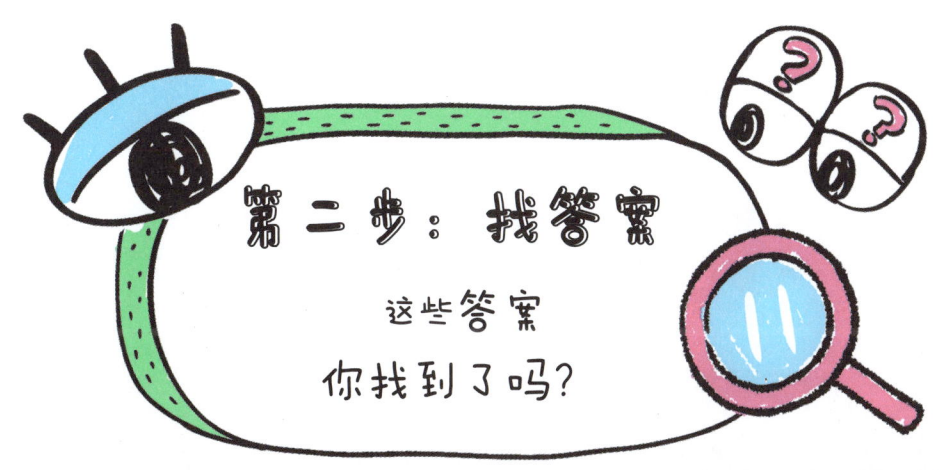

答：阳光明媚，蔚蓝的天空中飘着几朵白云。小鸟在叽叽喳喳地叫着。  时间

答：公园里有一棵很大很大的树，树下花坛里有小草和小花。  地点

答：红红和亮亮是少先队员。他们戴着红领巾，脸上带着微笑。  人物

答：红红和亮亮一手叉着腰，一手举过头顶，身子微微地弯着。  事件

 重要提醒：一定要仔细看图，在图上找不到答案时，可以删除问题，但不能乱编答案哟！

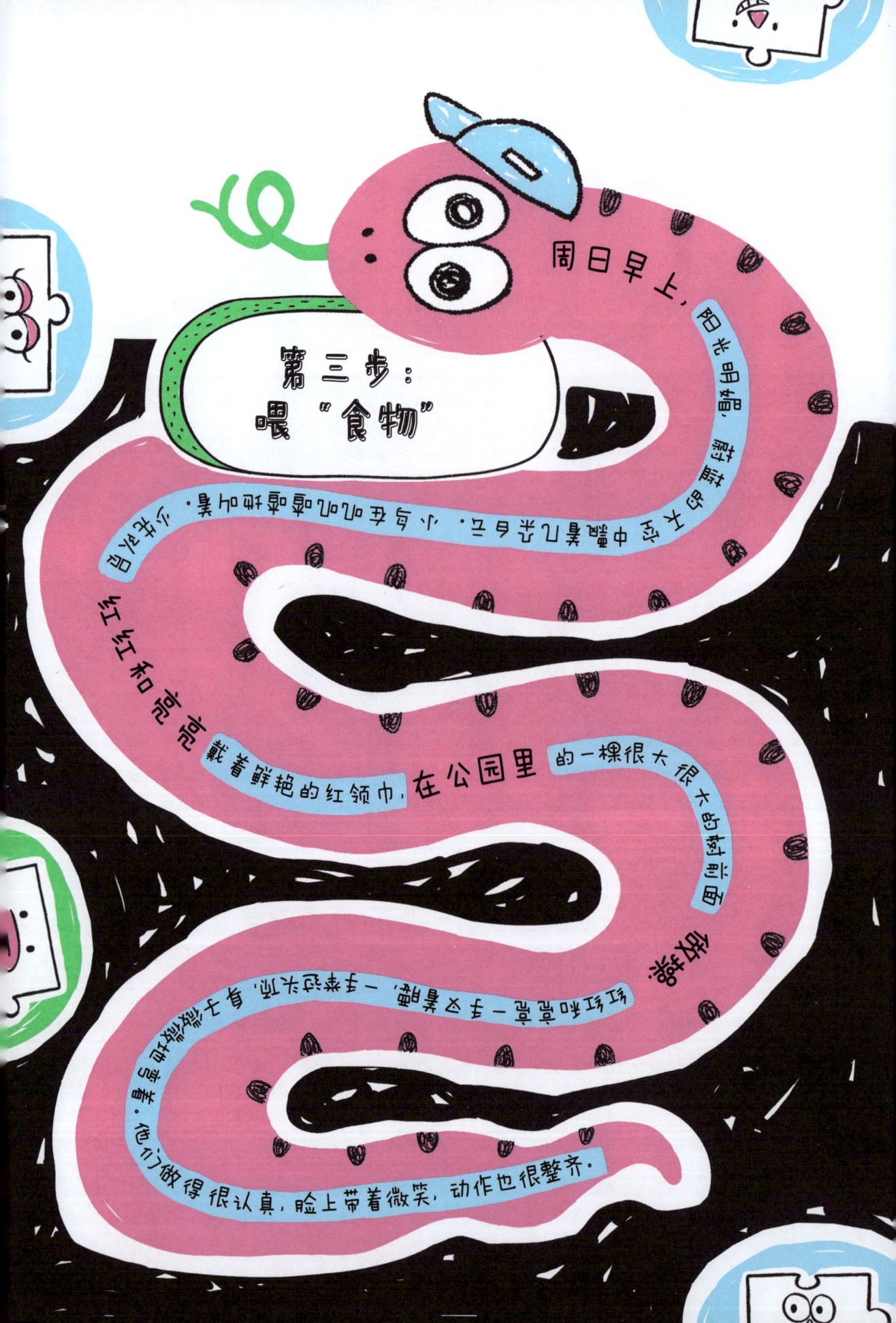

小练习

快用前面的方法把你的句子贪吃蛇喂大吧!

你的句子贪吃蛇

一天,恬恬在路口扶老奶奶过马路。

你们真不错！我再送你们**三个法宝**，让你们能写出一大段话。

第一个法宝：
图片扫描仪

"敲黑板" 
用图片扫描仪，按照**一定的顺序**观察图片，再一一写下来，也能写出一大段话。

1. 竖扫式

从上到下或从下到上，从天空观察到地面或从地面观察到天空，都属于这种模式。

3. 环扫式

从中间到四周或从四周到中间。哈哈，主角一般在中间。这种模式能让你们更容易抓住图中最主要的内容！

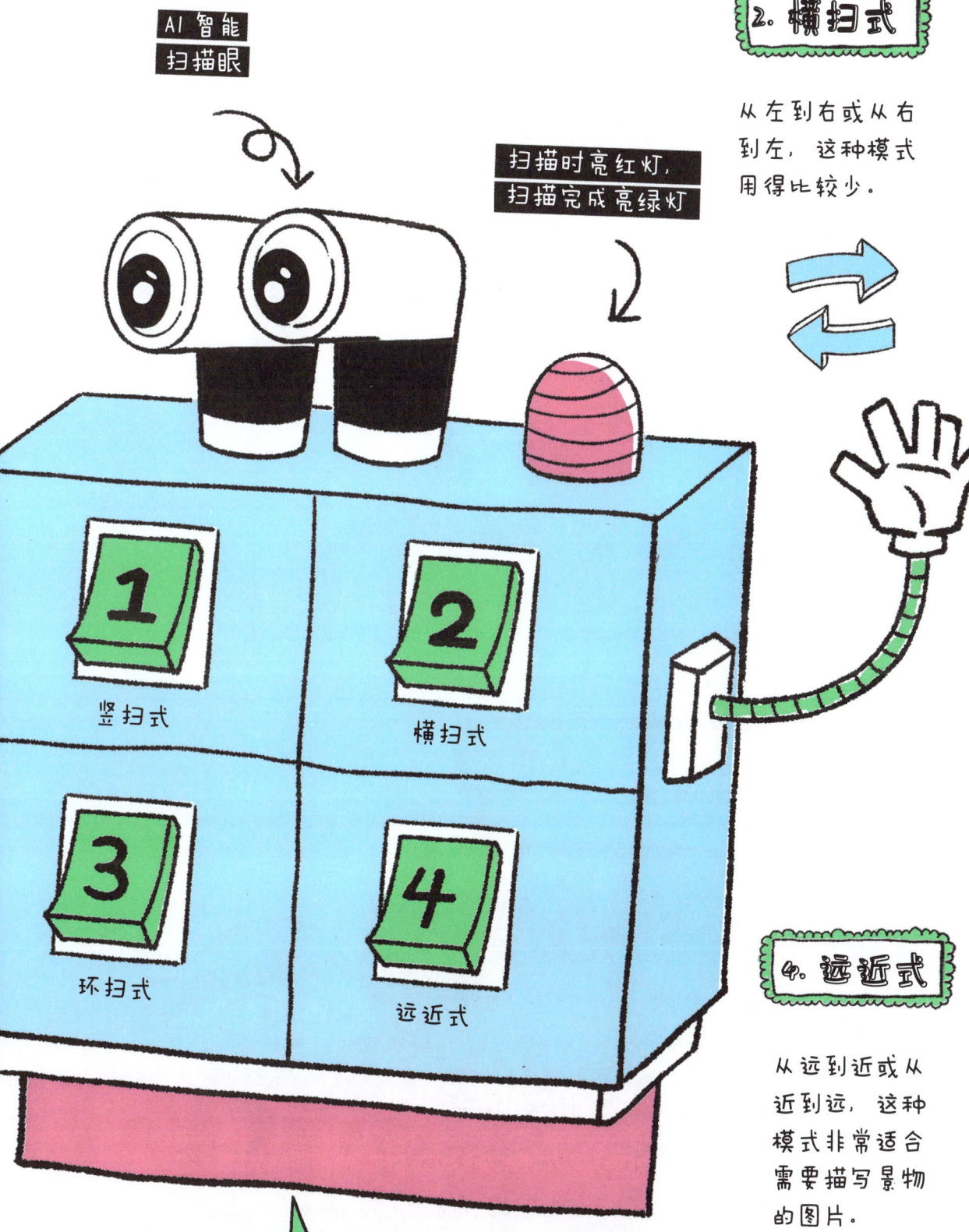

《做操》

1. 竖扫式（从上到下扫描）

太阳
↓
云朵
↓
小鸟
↓
大树
↓
亮亮和红红
↓
花儿

周日早上，阳光明媚，天空中飘着几朵白云。几只小鸟绕着一棵很粗很大的树飞来飞去。亮亮和红红一起来到公园里做操。他们做得很认真，动作很整齐。他们旁边花坛里的花儿也开得很美丽。

2. 横扫式（从左到右扫描）

大树 → 小鸟 → 花儿 → 亮亮和红红 → 云朵 → 太阳

周日早上，公园里，在一棵长满了叶子的大树旁边，鸟儿叽叽喳喳地飞来飞去。花坛里的花儿开放得格外动人。亮亮和红红在树下开开心心地做操，他们一起叉腰、抬手，动作特别整齐。他们做得很认真，都没有注意到太阳已经从云朵后面钻了出来。

3. 环扫式（从中间到四周扫描）

亮亮和红红 → 大树 → 花儿 → 小鸟 → 云朵 → 太阳

周日早上，戴着红领巾的亮亮和红红正在公园里做操，只见他们一会儿叉腰，一会儿抬手，动作非常整齐。他们后面是一棵大树，有很多叶子。大树底下有个花坛，花坛里开了几朵花。几只小鸟在大树旁飞来飞去。天上有几朵白云，太阳散发着温暖的光芒。

4. 远近式

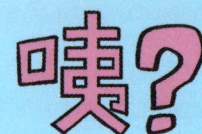

咦?
从远到近或从近到远这种观察顺序还没有人用呀!

我用了,看看我的!

小毛毛和小咪咪 → 大树 → 太阳 → 云朵 → 小鸟

近处,小毛毛和小咪咪在学校里开心地一起做操。他们后面有一棵很大很粗的大树。大树上长满了叶子。

远处,天空中有一个圆圆的太阳和几朵白云,还有小鸟在飞。这天的天气很不错!

哇!绿尾猫写得真不错!不仅自己推测出了地点,还给人物取了新的名字!看来你们都会使用图片扫描仪了!

哈哈,我总是先抓离我近的老鼠,这个观察顺序不教我也会的!

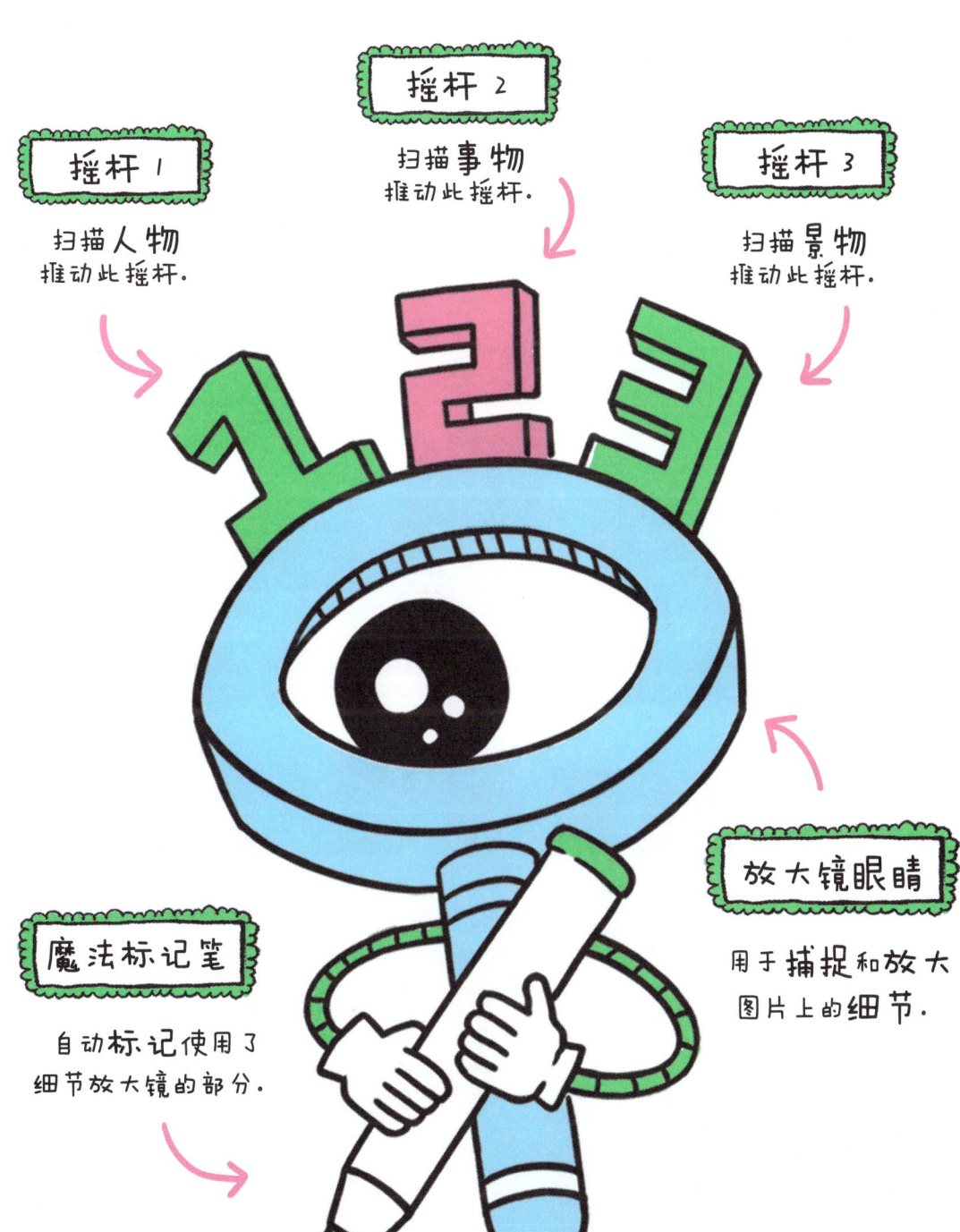

我放大了亮亮，发现：
亮亮的发型是锅盖头。
他戴了红领巾；
上衣是翻领的，有条纹；
短裤是卷边的，
好像还系着一根小皮带……

我放大了那棵树，发现：
树的树干很粗壮，
满树枝叶像手掌的形状。
树叶非常多，有一片、
两片、三片……抱歉，
我好像还没有学会数数！

我放大了红红，发现：
红红扎着两条麻花辫，
还扎了蝴蝶结。
她穿着带花边的百褶裙，
还穿了短袜和凉鞋……

"敲黑板"

细节放大镜

能帮你更仔细地观察图片，
你会发现图片上的 **人物、事物和景物**
还有很多的 **特点** 可以写，
一下子就能写出很长的一段话！

观察能力需要慢慢培养，但想象能力你们天生就有！现在送给你们——

第三个法宝：无敌想象帽

无极旋钮
用于调节无敌想象帽头围的松紧。

超级电波
用于标记使用了无敌想象帽的文字。

传感器
把图中人物、动物、植物等的感受、语言传输到你的大脑中。

扫描眼镜
用于扫描图片内容。

戴上我，你就会知道——
图中的人物、动物、植物等会说些什么，会想些什么，可能**闻到**和**尝到**什么，感受到什么……把这些内容写下来，你的作业本估计会不够用呢！

来看看，有了我们以后，

看清楚了！用绿色魔法笔标注的部分是我的能力！

做操

周日早上，天气很好。太阳升起来了。天空中飘着几朵白云。几只小鸟快乐地飞来飞去。二年级3班的亮亮和红红一起来到公园里的一棵又大又粗的大树前做操。亮亮穿着翻领的带条纹的校服，系着鲜艳的红领巾，嘴里喊着口令"一二三四、二二三四"。红红也戴着红领巾，穿着带花边的百褶裙，跟着亮亮一起做操。他们一条腿弯曲，一条腿伸直，摆出弓箭步。他们一只手高高举过头顶，一只手轻轻地叉

哇！这么长、长、长的一段话呀！

你能写出多长的一段话吧!

那我用蓝色魔法笔标注我的能力!

在腰上。哦,他们做的是广播体操的"腰部运动"这一节吧!亮亮和红红开心地笑着,动作非常整齐。他们心里想:学校下周要举行广播体操比赛,我们一定要认真练习!天上的小鸟见他们这么努力,扑扇着翅膀来回飞,为他们加油喝彩。大树晃动叶子,沙沙地为他们鼓掌。花坛里的花儿想:我也来锻炼锻炼!就也学着他们摇摆起来。

我还是数不清,这段话的字太多了!

让我们帮你把看图写话写长，一直长到月亮上去吧！

第4章 写好一段话，有大招！

写好一段话要有重点!

什么是重点?

我们几个谁"重"点?

时间　人物　地点　事件

误会了!重点的"重"不是体重的"重",是重要的"重"!

"敲黑板"

一幅图上的**人物**和**事件**,就是我们要重点观察、多写一些的内容。

可以写:
这个人物是一个什么样的人?
他是怎么做这件事的?
他做得怎么样?

上秤！

- 时间 → 1斤
- 人物 → 5.8斤
- 事件 → 6.1斤
- 地点 → 1.5斤

哈哈，很明显，人物和事件是重点！

我才不要重点！长胖了容易被吃掉！

你们写的那一大段的《做操》就突出了重点，写得不错哟！我数了一下，亮亮和红红做操的内容写了200多个字，而其他和时间、地点有关的太阳、云朵、小鸟、花这些全加起来也只有100多个字！

妈妈，我有一个疑问——

这幅图中，小女孩在洗菜，妈妈在炒菜，应该重点写谁做的那件事呢？

很简单，重点写主角和主角做的事情！大多数情况下，图片已经给你们确定了主角。

"敲黑板"

找主角的三个方法：

1. 一般主角在图片中占的画面比较大。

2. 主角往往会被放在图片中间的位置。

3. 主角很可能会在靠前一些的位置。

你们来说说，上面那幅图里，妈妈和小女孩谁是主角？

① **小女孩**

我觉得主角是小女孩,她在图中的位置比较靠前。

 嗯,看得很仔细!你可以**重点写**小女孩是怎么帮助妈妈做饭的。

② **妈妈**

我觉得这幅图里妈妈占的画面比较大,妈妈能不能做主角呢?

可以! 在看图写话里,你们都是"大导演",可以自己定主角。如果确定妈妈做主角,你就可以**重点写**妈妈是怎么教小女孩做饭的。

③ **小女孩和妈妈**

小女孩和妈妈都在图的中间,我想让小女孩和妈妈都做主角。

可以! 哈哈,你可以**重点写**小女孩和妈妈是怎样一起做饭的。

 **重要提醒**

有的看图写话从**标题**里就能看出主角,这时,你就**不能**自己定主角啦!

哇！没想到你们这么快就写好了！

帮妈妈洗菜

小红放学回家，看到妈妈在厨房里炒菜，一旁的汤锅里还煮着香喷喷的鸡汤。小红说："妈妈，我也来帮忙。"妈妈说："那你去洗菜吧。"小红跑到水池边，水池里泡着胡萝卜、土豆等蔬菜。小红捞起一个灰扑扑的土豆，用力搓洗上面的泥土，不一会儿，土豆就露出了黄澄澄的外皮。妈妈夸道："你洗得真干净！"小红心里美滋滋的，洗得更带劲了！

看我从远到近扫描一遍！

妈妈教我洗菜

今天，小红刚回家就被妈妈叫到厨房里。妈妈指着水池里的蔬菜说："小红，妈妈今天教你洗菜。"妈妈先拿起一个巴掌大的土豆，放到水下把泥巴冲掉，又用力搓洗土豆皮上坑坑洼洼的地方，把藏在里面的泥洗干净。示范完，妈妈就到一旁的灶台前去炒菜了。小红站在水池边，拿起一个小一点的土豆，学着妈妈的动作认真地洗了起来。不一会儿，她就把水池里的蔬菜全部洗干净了。

我的主角是小红！

我的主角是妈妈！

哇！你想象了妈妈教小红洗菜的动作。

和妈妈一起做饭

星期六的中午，小红和妈妈一起在厨房里做饭。小红把头发扎得高高的，垫着小凳子在水池前洗菜，水池里泡着沾满泥土的胡萝卜和土豆。妈妈穿着红色的围裙在旁边炒菜，她用锅铲把锅里的蘑菇翻来翻去，放进作料，不一会儿，一道香喷喷的菜就出锅了。你听，哗啦啦的流水声、嚓嚓嚓的炒菜声，还有汤锅里咕嘟咕嘟的冒泡声，像不像一首欢快的交响曲？和妈妈一起做饭真是一件愉快的事情！

我的主角是妈妈和小红！

用我扫描后，小红和妈妈的外貌、动作写得更具体了。

你们把图片扫描仪、细节放大镜和无敌想象帽都用上了，把主角写得很突出呢！

看来，要给你们**加一点难度了！**

各位大导演,再看看这幅图,他们谁是**主角**呢?

图里的人都差不多大,我找不出主角。不过我熟悉乒乓球,要是用打乒乓球的两个男孩当主角,我可以写出一大段话!

我肯定要重点写**踢毽子的两个女孩**!因为毽子是用鸡毛做的。

我觉得应该是**跳绳的小女孩**吧,她的位置靠前!

碰上这种**"大场面"**的看图写话,只确定主角可不够。

写大扫除、课间活动、植树节、运动会、逛市场之类的多人集体活动,那妈有办法!

"敲黑板"

多人集体活动图的**最佳**写话方法：

整体写 + 挨个写 + 重点写！

1. **先整体写：** 就是用一句话写清楚大家都在干什么。不要忘了请出之前的那条大鲨鱼来帮你！

2. **再挨个写：** 用图片扫描仪把图上每个人做的事情都简单地写一遍，千万别遗漏！像这样的句式就能用得上了：
   "有的……有的……还有的……"
   "一些……一些……还有一些……"

3. **最后重点写：** 确定一至两个主角，用上细节放大镜和无敌想象帽重点写一写。

你也可以倒着来！比如，先重点写，再挨个写，最后整体写，或者别的顺序也可以。

到底怎么写，翻页看范文！

噔噔噔！范文闪亮登场！

"整体写"用绿色波浪线标记！

"挨个写"用红色波浪线标记！

"重点写"用蓝色波浪线标记！

大课间活动

　　大课间活动时间到了，同学们飞快地来到操场上参加各种活动。他们有的打乒乓球，有的跳绳，还有的踢毽子。正在打乒乓球的同学是勇勇和壮壮。只见勇勇皱着眉，眼睛死死地盯着壮壮那边马上要飞过来的球。壮壮一边挥拍，一边咧嘴笑着，好像在说："这个球你肯定接不住！"一个人跳绳的冰冰也跳得很开心，她可能是想在运动会上争当跳绳比赛的第一名吧！

你想让图中的谁当主角?写一写这幅图,记得用上细节放大镜和无敌想象帽,重点写主角!

写在下面的作文格里。

图书在版编目（CIP）数据

就这样搞定看图写话.入门篇/国潮童书编著.—杭州：浙江文艺出版社，2024.1
ISBN 978-7-5339-7455-8

Ⅰ.①就… Ⅱ.①国… Ⅲ.①作文课－小学－教学参考资料 Ⅳ.① G624.243

中国国家版本馆 CIP 数据核字（2023）第 234580 号

就这样搞定看图写话·入门篇

国潮童书　编著

责任编辑：何晓博
丛书统筹：李　黎
文字校对：彭　珍　李　庆　邓倩妮
插图绘制：易赛兰
出版发行：浙江文艺出版社
（浙江省杭州市体育场路 347 号）

印　刷：湖南雅嘉彩色印刷有限公司	版　次：2024 年 1 月第 1 版
开　本：787 毫米 × 1092 毫米 1/16	印　次：2024 年 3 月第 2 次
印　张：6.25	书　号：ISBN 978-7-5339-7455-8
	定　价：40.00 元

如发现印装质量问题，影响阅读，请与承印厂联系调换。